한강, 아직 끝나지 않은 기적

일러두기
한강은 시대 별로 다양한 이름으로 불렸지만, 이 책에서는 독자의 이해를 돕기 위해
시대 구분 없이 한강으로 표기했습니다.

처음부터 제대로 배우는 한국사 그림책 27
한강, 아직 끝나지 않은 기적 _ 한강이 들려주는 대한민국 이야기

초판 1쇄 인쇄 2025년 10월 24일
초판 1쇄 발행 2025년 11월 6일

글 김일옥
그림 이용규

펴낸곳 도서출판 개암나무(주)
펴낸이 김보경
경영관리 총괄 김수현 **경영관리** 배정은 조영재
편집 조원선 김소희 오은정 이혜인 **디자인** 이은주 **마케팅** 이기성
출판등록 2006년 6월 16일 제22-2944호

주소 서울특별시 용산구 한남대로40길 19, 4층(한남동, JD빌딩) (우)04417
전화 (02)6254-0601, 6207-0603 **팩스** (02)6254-0602 **E-mail** gaeam@gaeamnamu.co.kr
개암나무 블로그 http://blog.naver.com/gaeamnamu **개암나무 카페** http://cafe.naver.com/gaeam

ISBN 978-89-6830-889-5 74900
ISBN 978-89-6830-122-3 (세트)

품명 아동 도서 | **제조년월** 2025년 11월 6일 | **사용연령** 10세 이상
제조자명 개암나무(주) | **제조국명** 대한민국 | **전화번호** 02-6254-0601
주소 서울특별시 용산구 한남대로40길 19, 4층(한남동, JD빌딩)

한강이 들려주는
대한민국 이야기

한강, 아직 끝나지 않은 기적

김일옥 글 이용규 그림

개암나무

"생각건대 이곳 강 남쪽의 땅은 북쪽으로는 한수(한강)를 띠처럼 두르고 있고, 동쪽으로는 높은 산을 의지하였으며, 남쪽으로는 비옥한 벌판을 바라보고, 서쪽으로는 큰 바다에 막혀 있습니다. 이렇게 하늘이 내려 준 험준함과 지세의 이점은 얻기 어려운 형세이니, 이곳에 도읍을 세우는 것이 좋지 않겠습니까?"

— 《삼국사기》 제23권 〈백제본기〉 시조 온조왕 중에서

내 이름은 한강이야.
커다란 강이라는 뜻이지.
나는 태백산 검룡소에서 시작된
작은 샘물이었어. 하늘에서 떨어지는 빗방울,
계곡 사이를 흐르는 여러 시냇물이 서로 만나
하나의 강이 된 거야.

두물머리에 이르러 금강산에서 내려온 북한강을 만났어.

그제야 나는 커다란 강, 한강이 되었지.

나는 서울을 가로질러 흐르다 임진강과 만나 서해로 흘러간단다.

내가 흐르는 동안 사람들은

강물에 배를 띄워 물건을 실어 나르고,

주변 풍경을 보며 시를 읊고, 그림을 그리지.

한강은 오랫동안 역사를 품고 흘렀단다.

1925년, 엄청나게 많은 비가 쏟아졌어.

장마와 집중호우*로 강물이 점점 불어났지.

한강은 요란한 소리와 함께 엄청난 기세로 땅을 휩쓸었어.

물난리로 대피하는 사람도 있었어.

네 차례나 이어진 홍수로 한강의 물길이 달라졌어.

땅이 강으로, 강이 땅으로 바뀌기도 했지.

집중호우 어느 지역에 집중적으로 내리는 비.

물속에 있던 땅은 질퍽한 진흙이었어.
사람들은 진흙을 걷어 내다가 멈칫했어.
"이게 뭐지?"
깨진 토기 조각, 날카로운 화살촉, 움푹 파인 구덩이…….
을축년 대홍수라고 부르는 한강의 범람•으로
신석기 시대 집터가 드러난 거야.
고고학자들이 달려와 깨진 토기 조각을 맞붙이고,
붓으로 조심조심 흙을 쓸며 유물을 복원했어.
그러던 중 한 사람이 물었어.
"한강 근처에는 언제부터 사람이 살았을까?"

범람 큰물이 흘러넘침.

사람들은 아주 오래전부터 강가에 모여 살았어.
마실 물도, 물고기나 조개 같은 식량도 구하기 쉬웠거든.
사람들은 떠도는 대신 마을을 세웠지.
강물이 실어다 준 기름진 흙에 씨앗을 뿌려 농사도 지었어.
수확한 곡식을 담을 커다란 토기도 만들었지.
강에서 고기를 잡거나 근처 산에서 사냥을 했어.
집집마다 가축도 길렀지.
특히 서울 암사동 근처에 이런 마을이 많았어.

한강 근처 마을에 살던 사람들은 물물교환을 했어.

"도토리 한 바구니와 물고기, 작년에 거둔 수수가 많아요."

"우리는 멧돼지를 가져왔소. 겨우 도토리와 바꾸자고 하다니, 너무하잖소!"

"싫으면 안 하면 그만이지, 왜 화를 내시오?"

"뭐라고?"

평화롭게 이루어지면 좋을 텐데, 가끔은 싸우기도 했어.

이런 다툼을 대비해서 마을 주변에 울타리를 세웠지.

망루도 지어 다른 마을에서 쳐들어오는지 살폈어.

기름진 땅에서는 곡식이 풍성하게 자라고,
한강에서는 물고기가 힘차게 뛰어올랐어.
암사동 마을의 움집에서 저녁연기가 피어오르면
까르르 아이들의 웃음소리로 마을이 들썩였어.
이렇게 세월이 흘러갔단다.

기원전 18년 어느 날, 북쪽에서 사람들이 나타났어.

“보아라, 땅이 기름지고 물이 풍부한 곳이구나.”

“나라를 세우기에 부족함이 없어 보입니다.”

이들은 한강을 건너와 한성에 자리를 잡고

흙을 다져 성을 짓기 시작했어.

마을의 경계를 나무 울타리가 아닌

높고 커다란 성으로 나누는 건 처음이었어.

한강 물을 끌어와 성 주변에 깊은 해자•를 파고,

서쪽에는 배가 드나드는 나루를 만들었어.

이렇게 풍납토성을 완성하고, 남쪽에 몽촌토성을 하나 더 지었지.

누가 이 높고 거대한 성을 침략할 수 있었겠어?

해자 성 주위에 둘러 판 못.

이 주변으로 여러 부족이 모여들면서
십제라는 작은 나라에서 백제라는 큰 나라가 되었어.
백제에는 먹을거리가 풍부했어.
한강 변의 비옥한 평야에서는 벼가 누렇게 익어 가고
조기와 숭어도 밥상에 올라왔어. 상어를 먹기도 했지.
백제인들은 쌀밥과 국, 된장은 물론이고 김치와 술까지 담가 먹었어.
서해에서 난 소금 덕분에 식해•와 젓갈도 많이 만들었지.

식해 토막 낸 생선에 밥과 소금 등을 넣어 발효한 음식.

백제에는 기술이 뛰어난 장인도 많았어.
장인들이 만든 물건은 커다란 배에 실렸어.
물길을 따라 서해로 나간 배는 중국이나 일본으로 갔어.
한강에는 배들이 쉴 새 없이 지나다녔지.
사람들이 물건을 구하기 위해 몰려오면서
백제는 나날이 부유해졌어.

한강의 크고 작은 물줄기는 강원도에서 충청도, 황해도까지
한반도 여기저기로 퍼져 나가.
자연히 한강을 차지한 나라가 한반도의 중심 세력이 될 수밖에 없지.
백제가 한강을 통해 세력을 키우자, 북쪽의 고구려는 불안했어.
당시 고구려는 중국 세력과 충돌하고 있었거든.
4세기 중반 이후, 백제가 밀고 올라오자 참을 수 없었지.
결국 백제와 고구려는 크게 맞붙었어. 전쟁은 백제의 승리였어!
자신들이 천하의 중심이라고 여기던
고구려는 충격에 빠졌어.

"백제의 힘은 어디서 오는가?"

고구려 고국원왕의 물음에 신하가 대답했지.

"백제에는 '한강'이라는 큰 강이 있습니다.

강가의 기름진 땅에서는 농작물이 잘 자랍니다.

또 한강 뱃길을 따라 새로운 문화와 기술이 들어와

솜씨 좋은 기술자가 많다고 합니다."

고구려의 수도는 산으로 둘러싸여 있었어.

다른 나라의 침략을 막기 좋았지만 교류하긴 힘들었지.

어떤 나라도 혼자서 성장할 수는 없어.

5세기 초, 고구려는 수도를 대동강이 흐르는 평양성으로 옮겼어.

하지만 그것만으로 백제를 쉽게 넘볼 수는 없었어.

그즈음, 한 스님이 고구려에서 백제로 왔어.

바둑을 좋아하던 개로왕과 스님은 종종 바둑을 두었지.

개로왕은 그러면서 잠시나마 나랏일을 잊곤 했어.

"근심이 많아 보이십니다."

스님의 말에 개로왕은 고개를 끄덕이며 답했어.

"요즘 고구려의 힘이 세져 다시 전쟁이 날까 걱정이오."

"이럴 때일수록 강한 모습을 보여야 합니다.

적들은 강해 보일수록 감히 공격하지 못합니다."

"강한 모습이라……."

"궁전을 화려하게 짓고, 왕릉도 더 멋지게 고치십시오.

외국 사신들에게 비단옷과 귀한 음식을 대접하시고요.

모두 백제를 우러러볼 것입니다."

개로왕은 한숨을 내쉬었지.

"지난번 고구려와의 전쟁으로 나라 살림이 많이 줄었소."

"왕이시여, 도도히 흐르는 저 강을 보십시오.

어제의 강물은 흘러갔지만, 오늘의 강물이 또다시 흘러오고 있습니다.

한강이 있는 한, 백제의 풍요는 마를 날이 없을 것입니다."

왕은 스님의 말이 옳다고 여겼어.
그래서 궁전을 고치고, 왕릉을 더 크게 지었지.
화려함이야말로 백제의 힘을 보여 줄 수 있는
가장 좋은 방법이라 여겼던 거야.

하지만 백성들은 그렇게 생각하지 않았지.
백성들의 원망이 커졌지만 왕은 아랑곳하지 않았어.
심지어 백성들의 물건을 빼앗아 제 것으로 삼기도 했어.

스님은 고구려로 돌아와 왕에게 아뢰었어.

“왕이시여, 백제 백성들의 마음이 왕에게서 멀어졌습니다.
지금 공격한다면 반드시 한강을 차지할 수 있을 것입니다.”

475년, 고구려 장수왕은 3만 대군을 이끌고 백제로 내려왔어.
개로왕은 화들짝 놀라 아들을 불렀어.

“아들아, 내가 어리석었다. 너는 빨리 성을 빠져나가
우리를 도와줄 군사를 데려오너라.”

하지만 개로왕은 아들이 돌아오기도 전에 고구려군에 붙잡히고 말았어.

결국 백제는 한강을 빼앗기고, 남쪽 웅진으로 쫓겨날 수밖에 없었어.

한강을 차지한 고구려는 최고의 전성기를 누렸지.

고구려는 남한강까지 차지하며 남쪽으로 내려왔어.

백제는 시간이 한참 흐른 뒤에야 국력을 겨우 회복했어.
어떻게든 한강을 되찾고 싶었지.
백제는 신라와 동맹을 맺었어.
“우리 함께 남으로 내려오는 고구려를 밀어냅시다.”
신라는 기다렸다는 듯이 냉큼 백제의 손을 잡았어.

사실 신라는 오랜 고민이 있었어.

힘센 고구려와 백제 사이에서 옴짝달싹 못 하는 처지였거든.

늘 자기 땅을 지키기에 급급했지.

“우리는 언제까지 눈치만 보며 살아야 한단 말인가?”

이런 처지에 놓인 신라에게 백제와의 동맹은 좋은 기회였어.

이즈음 고구려는 귀족들의 왕위 다툼이 한창이었어.
그런데 북쪽에서는 유목 민족인 돌궐이 침략하고,
남쪽에서는 신라와 백제가 서로 손을 잡고 한강 유역으로
올라오는 게 아니겠어?
백제와 신라의 공격은 위협적이었어.

고구려는 공격을 막을 방도를 찾다가 신라를 몰래 만났어.
그리고 화평 을 제안했지.
고구려는 신라가 한강을 차지해야
한강을 되찾기 쉬울 거라고 생각했거든.
고구려는 결국 한강을 빼앗기고 말았어.

화평 전쟁하지 않고 우호적으로 지내는 상태.

신라는 한강 상류를, 백제는 한강 하류를 차지했지.
"우리 이번 기회에 고구려를 혼쭐내 줍시다!"
한강을 되찾아 신이 난 백제와 달리
고구려와 몰래 약속했던 신라의 반응은 시큰둥했어.
"나라가 망하고 흥하는 것은 하늘에 달린 일입니다.
하늘이 고구려를 미워하지 않는데,
북쪽으로 올라가는 건 그다지 내키지 않소."

또 하나의 문제가 있었어.

백제는 한강을 되찾으면 당연히 한성은 자신들 차지라고 생각했지.

“이건, 약속이 틀리잖소! 한성은 우리 백제의 옛 수도란 말이오.”

백제의 항의에도 신라는 별다른 반응이 없었어.

만약 백제가 신라와 한강에서 싸운다면, 이길 수 있을까?

신라는 주력군이 한강 상류에, 백제는 주력군이 한강 하류에 있었지.

강은 위에서 아래로 흐르니, 신라 군사가 더 많이, 더 빨리 올 수 있었어.

게다가 만약 고구려와 신라가 손을 잡고 백제를 공격한다면 어떻게 될까?

결국 백제는 조용히 물러날 수밖에 없었어.

553년, 신라는 동맹을 깨고 백제를 기습해

한강 하류까지 차지했어.

그리고 한강에 커다란 무역항을 세웠어.

드디어 백제나 고구려의 눈치를 보지 않고

바다를 건널 수 있는 길이 생긴 거야.

신라는 이 지역을 지키는 데 최선을 다했어.

"여기는 우리 신라 땅이다! 이를 널리 알리는 비석을 세워라."

신라는 한강을 발판 삼아 쭉쭉 뻗어 가기 시작했지.

고구려와 백제는 나라 안팎으로 사정이 복잡해
이를 지켜볼 수밖에 없었어.
한강 유역을 신라에 빼앗긴 백제는 후회했지.
"그때 무슨 수를 써서라도 한강을 지켜야 했는데!"
이후로 백제는 몇 번이나 신라를 공격했지만
신라는 꿋꿋하게 버텼지.
백제 성왕은 생각했어.
"만약 남쪽에서 공격한다면, 한강의 신라 주력군이 내려오겠느냐?"
"고구려 또한 한강을 노리고 있는데,
신라군이 어찌 감히 자리를 비우겠습니까?"

554년에 백제는 옆길로 신라의 중심, 관산성을 공격했어.
처음에는 백제의 예상대로 신라군이 밀리는 듯했지.
승리를 확신한 백제 성왕은 직접 관산성으로 달려갔어.
그러자 한강 유역을 지키던 신라군이 재빠르게 달려왔어.
백제는 크게 패했고 성왕도 목숨을 잃었지.

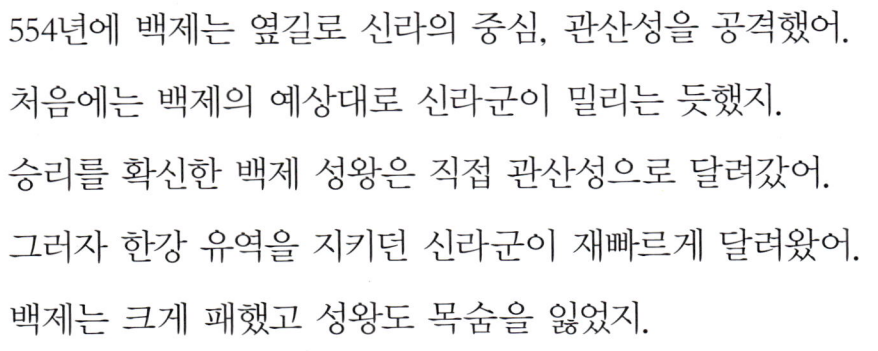

이로 인해 백제와 신라는 돌이킬 수 없을 만큼 사이가 나빠졌단다.

백제는 한강을 쉽게 포기하지 않았어.

고구려 또한 마찬가지였지.

신라는 위로는 고구려, 옆으로는 백제의 공격을 막아야만 했어.

신라는 점점 지쳐 갔단다.

궁지에 몰린 신라는 당나라와 손을 잡았어.
신라와 당나라는 한강 뱃길을 오가며 사이가 돈독해졌거든.
게다가 당나라는 예전에 고구려에 크게 진 적이 있어
복수하고 싶었지만 번번이 전쟁에서 패했어.
신라와 당나라 연합군은 오랜 싸움 끝에 백제와 고구려를 멸망시켰어.
당나라는 신라를 몰아내고 한반도를 차지하려 했지만 뜻대로 되지 않았어.
신라가 삼국을 통일하고 당나라까지 물리친 뒤 한반도의 주인이 된 거야.

唐

어떻게 삼국 중 가장 힘이 약했던 신라가 삼국을 통일했을까?
바로 한강을 차지했기 때문이야. 한강 유역은 생산물이 풍부했고,
서해를 거쳐 다른 나라와 직접 관계 맺으며 힘을 키울 수 있었지.
한강은 신라가 삼국을 통일한 중요한 원동력이었던 셈이야.

서로 한강을 차지하려고 다투던 시대가 지나고
한강 유역은 조금씩 달라졌어.
통일신라는 당나라와 관계를 회복했어.
한강으로 사신들이 활발하게 드나들었지.
폐쇄적이고 전통을 중시하는 수도 경주와 달리 한강은 늘 새로웠어.
남쪽과 북쪽의 문화가 만나 새로운 문화가 생기고,
새로운 문화는 한반도 전역으로 퍼졌지.

수많은 세월이 흐른 통일신라 말, 전국에서 반란이 일어났어.
남한강 상류 지역인 원주에도 세력들이 생겼어.
그 세력들은 후고구려와 고려로 이어졌어.
한강은 개경과 남부 지방을 잇는 중요한 길목이었어.
세곡을 실은 배들이 오가고 곳곳에 나루가 들어서면서
상인들과 물건들로 늘 북적였지.

세곡 나라에 세금으로 내는 곡식.
나루 강이나 내, 또는 좁은 바닷목에서 배가 건너다니는 일정한 곳.

고려 말, 나라가 혼란스러워지자
서해안과 남해안에 왜구들이 들끓었어.
왜구들이 수시로 출몰하자 바닷길이 막혔어.
남쪽 지방의 배들이 들어가지 못하니 한강으로 가는 물자도 줄었지.
백성들의 살림살이는 궁핍해지고 고려의 재정 상황도 점점 더 힘들어졌어.
결국 새로운 나라, 조선이 건국되었지.

조선은 수도를 한양으로 옮겼어.
한양 주변으로 흐르는 한강 유역을 '경강(京江)'이라고 불렀지.
한강은 전국으로 이어지는 교통의 중심이었고
한양을 지켜 주는 군사 요충지였어.
광나루, 삼밭나루, 한강나루, 노들나루, 양화나루 등
강 양쪽에는 나루와 포구*가 즐비하게 늘어섰어.

포구 강이나 바닷가에서 배가 드나드는 곳.

나루와 포구에는 한강을 오가는 배와
보부상들로 늘 장사진을 이루었지.
황포 돛배에는 곡식과 목재, 소금과 어물,
온갖 물품이 가득했어. 자연스럽게 시장도 발달했단다.
"우아, 새우젓이 싱싱하네요!"
"물에 사는 돼지, 복어! 복어가 왔어요.
늦봄엔 복국, 초여름엔 웅어회, 맛보시오!"
"여긴 소금 창고일세. 쌀은 용산나루로 가 보게나!"
나루와 포구에는 물건뿐만 아니라 지식과 정보도 오갔어.

강 양쪽에 늘어선 산봉우리와 깎아지른 절벽, 고운 모래,
그 사이를 오고 가는 짐마차…….
한강은 무척 아름다웠단다.
사람들은 이 멋진 풍경을 시와 그림에 담았어.

겨울에는 얼어붙은 한강에서 썰매를 타는 사람도 많았어.
어부들은 얼음에 구멍을 내고 그물을 끌어 올렸어.
얼음이 된 강물을 톱으로 쓱싹쓱싹 썰어
동빙고, 서빙고에 저장했지.
더운 여름에 시원한 얼음을 먹기도 하고, 제사 지낼 때도 썼어.
수박에 얼음을 동동 띄운 화채는 여름철 최고의 별미였지.

시간이 흐르며 개항을 했고,
서양과 교류하며 외국인과 서양 문물이 들어왔어.
일제 강점기 때 한강에 철도가 놓이고, 기차가 다니기 시작하자
한강을 오가던 수많은 황포 돛배가 서서히 사라졌어.
하지만 한강 주변에는 오히려 사람이 늘어났어.
근대 공장이 들어서고 각종 산업 발전 정책이 추진되면서
사람들이 서울로 모여들었거든.

그러자 한강은 조금씩 더러워졌어.

한강 물을 각 가정에 공급해 주는 상수도를 만들어

수돗물을 보급했지만, 수도관은 일본인 거주 지역에만 설치되었지.

대부분의 사람들은 오염된 한강 물을 사용할 수밖에 없었어.

역사의 참혹한 시기를 한강도 피할 수 없었지.

아름답던 한강 변의 모습도 달라졌어.

군사 작전에 필요한 물자 보급을 위해 도시 곳곳에 공장이 들어섰어.

필요한 재료는 한강 변의 아름다운 산을 폭파해서 얻었지.

우뚝 솟았던 잠두봉은 물론,

신선이 노닐 것 같던 선유봉도 흉측하게 깎여 나갔어.

일본은 밤섬의 바위를 깨고, 흙과 모래를 여의도로 실어 와 비행기 활주로를 만들었어.

여의도 비행장에서는 다른 나라를 침략하려는 비행기가 날아올랐어. 정말 끔찍한 시대였지.

1945년, 많은 이의 노력으로 광복을 맞이했지만
마냥 기뻐할 수만은 없었어.
나라가 둘로 나뉘고, 전쟁으로 폐허가 되었거든.
전쟁으로 인해 한강에 그 어떤 배도 떠다니지 못했어.
한강은 그저 길을 가로막는 장애물 같았지.
갈 곳을 잃은 사람들이 한강 변에 판자촌을 이루었어.
비가 오면 집이 물에 잠기기도 했지.

그래도 우리 민족은 두 주먹을 불끈 쥐고 다시 일어섰어.
제방을 쌓고 강변도로를 건설했어.
남쪽 물길을 막아 섬이던 잠실을 육지로 바꿨어.
인공 호수인 석촌호수가 생기고 아파트가 들어섰지.
한강 둔치에는 유람선과 스포츠를 즐길 수 있는 시설도 만들었어.
주변에는 시민들이 쉴 수 있는 공원들도 생겼지.

강변 곳곳에 하수 처리장을 만들어 깨끗한 물이 흐르도록 하고
한강 상류에는 물의 양을 조절하는 수중보를 설치했어.
백사장을 단단한 땅으로 만들기도 했지.
더는 한강에서 반짝이는 새하얀 모래밭도,
헤엄치는 아이들도 볼 수 없었어.
하지만 사람들은 마음 놓고 안전하게 살 수 있었지.

이 시기 서울은 강을 사이에 두고
강남과 강북으로 나뉘어 쉽게 건널 수가 없었어.
사람들이 건널 수 있는 다리라곤 한강대교가 유일했지.
하지만 양화대교를 시작으로 한강에 다리가 놓이자
강남과 강북은 물론, 지방까지 하나로 이어졌어.

경부 고속도로와 한남대교가 연결되니 전국이 일일생활권•이 되었어.
영등포와 여의도, 마포를 잇는 마포대교가 생기고
원효대교와 서강대교가 들어서자 여의도는 서울의 중심지가 되었어.
모래밭과 군용 비행장만 있던 여의도에 높은 빌딩들이 세워졌지.

일일생활권 하루 안에 갈 수 있는 생활 거리.

마치 한강 물길을 따라 황포 돛배가 오르내리던 때처럼
한강 위에 놓인 다리로 수많은 차가 달렸어.
공장 굴뚝에서는 연기가 쉼 없이 올라왔고,
사람들은 밤낮을 가리지 않고 일했어.
한국 전쟁 이후 우리나라는 세계가 깜짝 놀랄 만큼 성장했지.
사람들은 이런 발전을 두고 '한강의 기적'이라 불렀어.

옛 나루터에는 다리가 놓이고 모래섬은 빌딩 숲으로,
뽕나무밭은 아파트촌이 되었어.
강변북로와 올림픽대로에는 차들이 달리고,
한때 쓰레기가 쌓여 있던 섬은 아름다운 생태 공원이 되었어.
역사 속에서 한강은 언제나 한반도의 중심이었고, 우리 삶의 터전이었어.
세계적으로 보기 드문 규모를 자랑하는 한강의 내일을
함께 그려 보지 않을래?

한강이 들려주는 대한민국 이야기

한강은 서울을 가로지르는 아주 큰 강이에요. 전 세계를 살펴봐도 큰 강 중 도시를 가로지르며 흐르는 경우는 거의 없지요. 그래서 예부터 많은 사람이 한강 주변에 모여 살았어요. 선사 시대 때부터 이곳에 마을을 세웠고, 삼국 시대에는 한강을 차지한 나라가 전성기를 맞이했죠. 또 대한민국의 놀라운 성장을 빗대어 '한강의 기적'이라고 칭했어요. 우리나라를 대표하는 강, 한강 유역을 중심으로 대한민국의 역사를 살펴봐요!

한강에 대해 알아봐요

한강의 의의

한강은 태백산맥에서 시작된 남한강과 북한강, 두 물줄기가 하나가 되어 서해로 흘러가는 긴 강이에요. 강원도, 충청북도, 경기도, 그리고 서울 한가운데를 가로지르지요.

한강은 '아주 큰 강'이라는 뜻이에요. 강폭이 무려 1,200미터나 되지요. 전 세계에서도 한강처럼 수도를 가로지르면서 강폭이 넓은 강은 드물어요. 프랑스 파리의 센강은 강폭이 200미터, 영국 런던의 템스강은 약 265미터이니, 한강이 얼마나 큰 강인지 짐작할 수 있겠지요? 그래서 아주 오래전부터 우리나라 사람들은 한강을 삶의 터전으로 생각해 왔답니다.

시대마다 달랐던 한강의 이름

백제의 건국 설화에는 한강이 '욱리하'라고 쓰여 있고, 고구려 시대 때 세워진 광개토대왕릉비에는 크고 신성하다는 뜻의 '아리수'라고 쓰여 있어요. 고려 시대 때에는 맑고 밝게 흐르는 큰 물줄기라는 뜻의 '열수', 조선 시대 때에는 수도의 강이라는 의미로 '경강'이라고 불렀어요. 이처럼 부르는 이름은 달라도 한강을 소중하게 여기는 마음은 같았어요.

한강의 변화

한강은 매우 아름다운 강이에요. 과거에는 맑은 물과 깨끗한 모래, 고운 섬이 떠 있었고, 주변에는 깎아지른 듯한 절벽과 우뚝 솟은 봉오리들이 강을 내려다보고 있었지요. 배들은 강 위를 쉴 새 없이 떠다녔고, 강변을 오고 가는 수많은 수레와 사람들이 한눈에 보였어요. 조선 시대 때 한양 도성을 휘감아 흐르던 한강은 많은 이의 삶의 터전이었지요.

1960년대까지만 해도 한강에는 넓은 백사장이 있었어요. 노량진 건너편의 한강대교 아래와 뚝섬, 광나루 부근에는 수영 시설이 마련되어 있어 여름철에는 사람들이 수영도 하고 백사장에 파라솔을 펴고 쉬기도 했대요. 1960년대 후반부터 한강 개발이 이루어지면서 이런 모습은 찾아보기 힘들어졌지요.

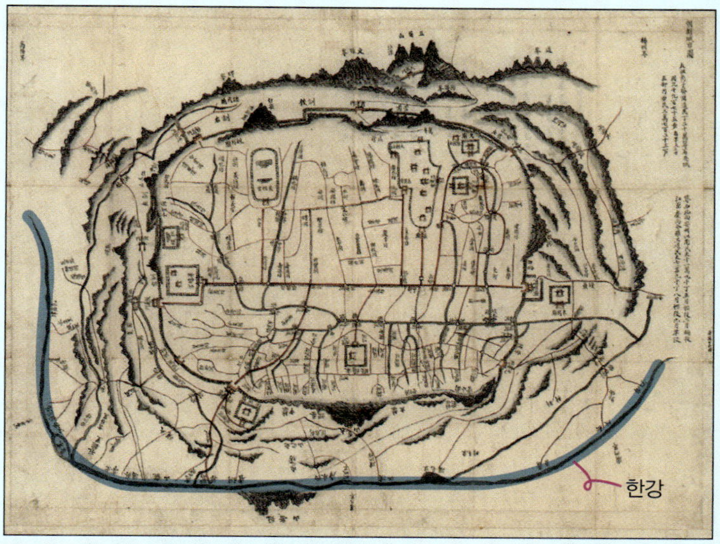

ⓒ서울역사박물관

조선 시대 주요 건축물과 당시 도성을 휘감아 흐르는 한강을 그린 조선성시도

©서울역사아카이브

과거, 한강에서 수영하던 사람들

한강을 기준으로 북쪽을 '강북', 남쪽을 '강남'이라고 불러요. 과거에는 이동이 어려워 생활권이 분리되었지만, 다리가 생기면서 하나의 생활권으로 이어졌어요. 다리 덕분에 강남도 점점 발전했지요. 한강은 서울을 대표하는 상징이며, 시민들의 생활과 문화의 중심지예요.

한강, 우리 역사의 중심

인류 문명의 발전은 강과 함께 시작되었지요. 한강도 사람들에게 필요한 물과 기름진 땅을 주었을 뿐만 아니라, 더 큰 세상으로 나아가는 길이었어요. 특히나 한강은 한반도의 중심을 흐르는 큰 강이었기 때문에 나

라의 흥망성쇠를 가르는 열쇠이기도 했어요. 한강을 중심으로 벌어진 역사적 사건을 알아볼까요?

선사 시대, 삶의 터전이 된 한강

한강 중류와 북한강 일대에는 구석기 시대 유적지가 많답니다. 망치돌, 찍개, 긁개 등 수많은 유물이 발굴되었지요. 암사동 선사 유적지에 가 보면 움집터 같은 유구와 토기, 갈돌, 돌낫, 그물추 같은 유물을 볼 수 있어요. 전체적인 규모는 정확히 알 수 없지만, 발견된 유물과 유구를 통해 대규모 마을이었음을 알 수 있어요. 또 농사를 지으며 정착 생활을 했다는 사실도 확인할 수 있지요.

4세기, 가장 먼저 한강을 차지한 백제

한강 유역에 자리 잡은 백제는 가장 먼저 전성기를 맞이했어요. 토지는 비옥했고, 강을 따라 바다로 나가 다른 나라와 교류할 수 있었지요. 이 덕분에 백제는 강력한 국가로 발전했어요. 백제 근초고왕은 한강을 군사 요충지로 삼아 고구려를 공격하고 마한을 통합하는 등 영토를 넓혔어요.

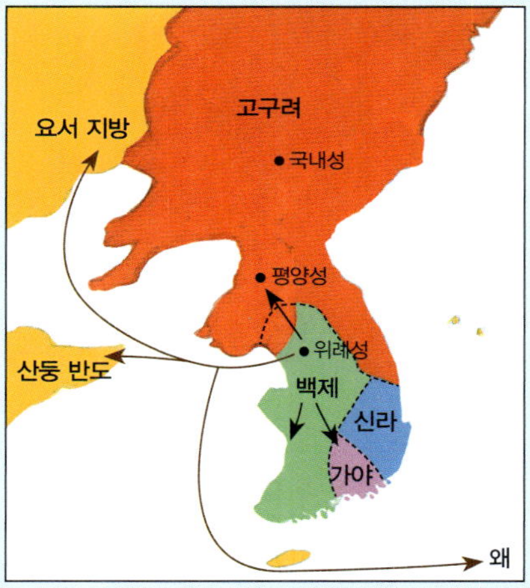

한강을 차지하고 전성기를 맞은 백제의 영토

5세기, 한강을 차지한 고구려

5세기, 고구려는 한강 서북부를 차지하며 남쪽으로 세력을 넓혔어요. 광개토 대왕은 백제와 왜(일본)가 신라를 공격한 것을 빌미로 한강을 넘어왔어요. 이후 장수왕은 수도를 평양성으로 옮기고 적극적으로 남진 정책을 펼치면서 한강 유역을 차지했어요. 이 싸움에서 백제 개로왕은 수도 위례성을 빼앗기고 목숨을 잃었어요.

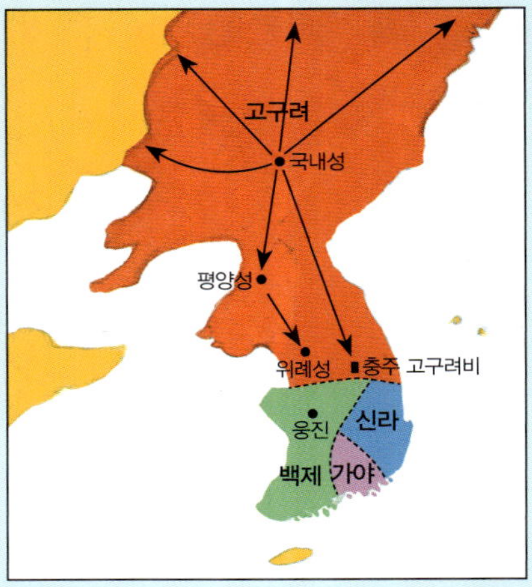

한강을 차지하며 전성기가 시작된 고구려의 영토

고구려는 광개토 대왕과 장수왕의 남진 정책으로 전성기를 누렸어요. 이후에도 한강 유역의 중요성을 알고 이 지역을 지키기 위해 힘썼지요. 장수왕은 영토를 넓힌 것을 기념하기 위해 충주 고구려비를 세우기도 했어요.

©국립문화유산연구원
장수왕이 한강 유역을 차지한 뒤 세운 충주 고구려비

6세기, 한강으로 통일의 발판을 만든 신라

신라는 백제와 힘을 합쳐 고구려가 차지했던 한강 유역을 빼앗았어요. 처음에는 신라가 한강 상류를, 백제가 한강 하류를 가졌지만 신라가 전쟁을 일으켜 백제의 한강 하류까지 차지했어요. 이렇게 신라는 중국으로 통하는 해로•를 얻게 됐어요. 또 한강을 발판으로 고구려와 백제를 견제했지요.

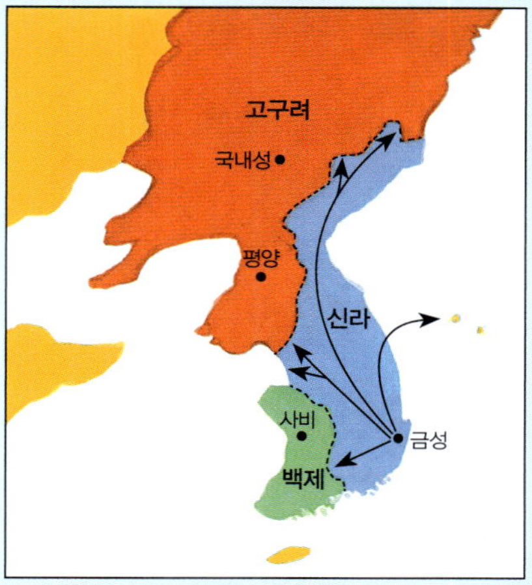

삼국을 통일한 신라의 영토

신라에게 한강을 빼앗긴 백제는 한강을 되찾기 위해 신라의 관산성을 공격했어요. 그러나 신라군이 기습하여 백제 성왕이 전사했고, 신라는 온전한 한강의 주인이 되었지요.

진흥왕은 이를 기념하기 위해 비석을 세웠어요. 이 비석에는 신라가 영토를 확장했다는 사실이 기록되어 있어요.

한강으로 전쟁을 버틴 고려

고려는 몽골군의 침략으로 수도를 개경에서 강화도로 옮겼어요. 한강이 임시 수도인 강화도와 서울(당시 남경)을 이어 주었어요. 대몽 항쟁 동

해로 배가 다니는 바닷길.

안 국가 운영에 필요한 세곡과 여러 물자를 한강으로 운송했지요. 그래서 고려는 한강 변의 나루를 정비하고 한강의 물길을 지키는 데 많은 힘을 쏟았답니다.

조선의 중심지 한강

조선은 건국과 함께 서울(당시 한양)을 나라의 수도로 삼았지요. 한양은 한강을 끼고 있어서 전국을 효율적으로 다스리기에 적합했어요. 당시 세금으로 바치던 곡식인 세곡은 바닷길과 한강으로 운송했어요. 한강 상류에서는 경상, 강원, 충청, 경기의 세곡을 실은 배가, 하류에서는 황해, 충청, 전라의 세곡을 실은 배가 한강의 주요 창고로 모여들었어요.

게다가 한강은 탁월한 군사적 요충지였답니다. 임진왜란 초기, 조선은 패배를 거듭하며 압록강까지 밀려났어요. 하지만 마음을 다잡고 싸워서 왜적의 보급로와 진출로를 차단했어요. 이때 바다에서는 이순신 장군이, 남한강의 행주산성에서는 권율 장군이 왜군을 크게 물리쳤어요. 무려 3천 명의 병사와 백성이 3만 명이 넘는 왜군을 상대로 거둔 승리였어요. 한강 변에 위치한 행주산성에서의 승리 덕분에 조선은 다시금 한양을 되찾고, 왜적을 물리칠 수 있었어요.

한강과 맞닿았던 조선의 백성들

조선 시대 때 한강은 사람들의 삶에 더욱 깊숙이 들어왔어요. 겨울이 되어 한강이 꽁꽁 얼어붙으면 밤새도록 썰매를 타고 놀기도 했어요. 또 얼음을 잘라 동빙고와 서빙고, 내빙고 등에 보관했어요. 처음에는 나라에서 직접 얼음을 채취하는 일을 관리했어요. 그러나 단종 이후, 돈과 권력이 있는 개인이 얼음 창고인 사빙고를 짓기도 했어요. 얼음은 왕실 제사에 쓰는 귀한 물자였을 뿐 아니라, 한여름 수박화채에 동동 띄워 먹는 별미였대요.

조선 후기에는 각종 의례와 풍속이 한강 변에서 많이 이루어졌어요. 비를 내려 달라고 안전과 풍요를 위해 한강제를 지내기도 했어요. 정월 대보름에는 돌팔매질로 승부를 겨루는 석전이 열리는 등 많은 민속놀이

조선 시대의 한강 모습을 그린 김홍도의 동호서호도

를 즐겼어요. 전국의 상인들이 몰려 들어 커다란 시장을 이루었던 송파 나루에서는 송파 산대놀이가 지금도 전승되고 있답니다.

한국 전쟁의 중요한 전투가 벌어졌던 한강

한국 전쟁 당시 한강을 사이에 두고 서울 이남으로 철수한 국군과 한강 이북의 북한군이 치열한 공방전을 벌였어요. 이 전투에서 방어선이 무너지면서 국군은 수원까지 내어 주며, 낙동강을 목표로 물러서게 됐어요. 전쟁이 일어난 지 사흘 만에 서울과 남쪽을 잇던 한강 인도교는 폭파됐고, 대한민국 정부는 부산까지 피난을 가야만 했지요. 하지만 유엔군이 인천에서 서울까지 한강의 물길을 따라 진격해 서울을 되찾았어요.

한강의 다리

우리나라의 국토는 대부분 산이라 육지로 물건을 실어 나르는 건 어려워서 주로 뱃길을 이용하여 물자를 실어 날랐어요. 한강은 강의 폭이 넓고 깊어서 사람들이 쉽게 건너다닐 수 없었어요. 그러다 한강에 다리가 놓이면서 새로운 길이 만들어졌고, 경제가 더 빠르게 발전할 수 있었답니다.

고려와 조선의 배다리

옛날에는 왕이 강을 건너야 하는 특별한 때만 임시로 다리를 만들기도 했어요. 기록에 따르면 고려 정종은 임진강에 부교(임시 다리)를 설치했대요. 조선 시대 때 연산군은 청계산에 사냥을 가려고 한강에 배 800여 척으로 배다리를 만들었어요. 배다리는 배를 일정한 간격으로 늘어놓고 그 위에 판자를 깔아 만든 다리예요. 이때 백성들이 겪는 불편과 피해가 너무 커서 원성이 높았답니다.

정조는 아버지 사도 세자의 능을 화성으로 옮기고 현륭원이라 이름 지었어요. 그러고는 화성에 자주 행차했지요. 이때도 한강을 건너기 위해 배다리를 설치했지요. 당시 뛰어난 학자였던 정약용은 배 36척으로 배다리를 놓아 사람들의 감탄을 자아냈답니다. 그래서 정조는 편안히 배다리를 건너 아버지 사도세자의 무덤, 현륭원을 오갈 수 있었지요.

©국립중앙박물관

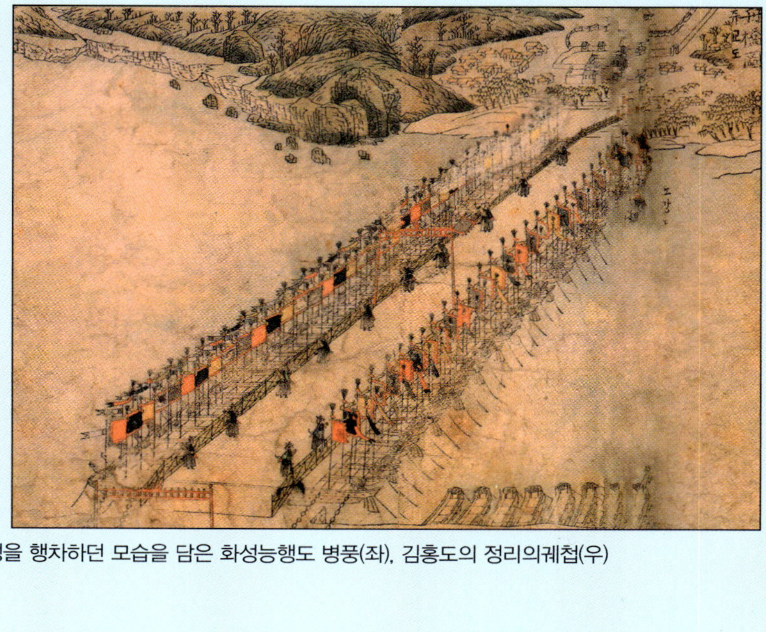

©한국데이터베이스산업진흥원

정조가 화성을 행차하던 모습을 담은 화성능행도 병풍(좌), 김홍도의 정리의궤첩(우)

대한 제국의 한강 철교

1888년, 한강에 증기선이 처음 운행됐어요. 이후 독일과 미국의 증기선을 시작으로 다양한 증기선이 들어왔고, 많은 물품을 실어 날랐지요. 하지만 철도와 다리가 놓이기 시작하자 물건을 실어 나르는 배들이 점차 사라졌어요. 한강에 최초로 세워진 다리는 용산구 이촌동과 동작구 노량진동을 잇는 한강철교예요. 철도는 많은 물건을 한꺼번에 빠르게 운반할 수 있어 매우 편리했지요. 이때도 여전히 한강에서 고기를 잡고 배를 이용해서 강을 건너기도 했어요.

©서울역사아카이브

한강에 가장 먼저 놓인 다리, 한강철교

일제 강점기

한강에 다리를 놓아 사람이 걸어서 건널 수 있게 하자는 의견은 대한 제국에서 나왔어요. 그러나 일본은 마치 자신들이 베푸는 사업인 양 진

행했어요. 일본이 다리 건설에 힘을 쓴 이유는 일본인 거주 지역이던 인천과 서울(당시 경성)을 연결하기 위해서였어요. 1930년대에 들어서자 일본은 다른 나라를 침략하기 위해 한반도 전역을 병참 기지화하기 시작했어요. 병참 기지화란 한반도를 군사작전에 필요한 사람과 물자를 관리하고 보급하고 지원하기 위한 곳으로 이용한다는 말이에요. 이로 인해 곳곳에 일본의 공장들이 들어섰어요. 한강의 다리는 일본의 군수용품 보급을 위해 쓰이기도 했어요.

대한민국의 풍경을 바꾼 한강의 다리

1950년대까지만 해도 서울의 도심은 한강에서 조금 떨어진 사대문 안에 있었어요. 하지만 산업화로 사람들이 서울로 몰려들어 많은 주택 단지가 필요했답니다.

그래서 1960년대부터 한강을 본격적으로 개발하기 시작했지요. 1965년에 완공된 양화대교는 우리나라 기술자의 힘으로 만든 첫 다리예요. 이 다리를 시작으로 50여 년 동안 한강에는 30여 개의 다리가 놓였어요. 드디어 한강의 북쪽과 남쪽을 쉽게 오갈 수 있게 되었어요.

대규모 한강 종합 개발은 서울의 풍경을 바꾸어 놓았어요. 강남 지역도 서울로 포함되었어요. 모래섬이었던 여의도는 빌딩 숲으로, 뽕나무 밭이었던 잠실에는 올림픽 경기장이 들어섰어요. 쓰레기 섬으로 불리던 난 지도는 생태 공원이 되었어요. 한강에 놓인 수많은 다리들은 대한민국 발전의 상징이 되었고, 한강은 시민들의 여가 공간이 되었지요.

성수대교는 1979년에 완공되었어요. 구조물의 겉모습을 고려한 첫 다리였지요. 그러나 1994년, 사고로 붕괴되어 많은 사람이 다치고 목숨을 잃었어요. 이후 전면 철거되고, 현재의 모습으로 재건설되었답니다.

한강을 따라 둘러보는 역사 유적지

암사동 선사 유적 박물관

서울 암사동 선사 유적지에는 약 6천 년 전 신석기 시대 사람들이 살았던 집터가 고스란히 남아 있어요. 한국의 신석기 문화를 대표하는 유

©암사동선사유적박물관

선사 시대 유적이 남아 있는 암사동 선사 유적지

적지이지요. 전체적인 규모는 알 수 없지만 주거지와 원형의 움집 자리가 여러 개 발견된 걸로 보아 대규모 마을이 형성됐던 곳임을 알 수 있어요. 이곳에서 빗살무늬 토기도 발견되었어요.

이 유적지는 1925년 을축년 대홍수로 한강 주변이 쓸려가면서 발견되었어요. 그러나 1960년대에 이르러서야 제대로 된 발굴과 조사가 이루어졌어요.

풍납토성, 한성백제 박물관

서울 올림픽 공원에는 한성백제박물관과 서울백제어린이박물관이 있어요. 올림픽 공원과 아파트를 짓기 위해 땅을 파다 풍납토성과 백제의

©서울역사아카이브

백제의 최초 토성인 풍납토성

수많은 유물을 발견했어요.

멀리서 보면 작은 언덕 같은 풍납토성 일부를 잘라 내자, 사람들은 깜짝 놀랐답니다. 폭 40미터, 높이 10여 미터에 이르는 거대한 토성이었죠. 이렇게 큰 성벽을 짓기 위해서는 엄청난 사람과 물자가 필요했어요. 즉, 이 토성의 발견은 백제가 건국 초기부터 엄청난 강국이고 이곳이 백제의 수도 하남 위례성이라는 사실을 알려 줬어요.

뚝섬과 수도박물관

중랑천과 한강이 만나는 곳을 '뚝섬'이라고 해요. 뚝섬은 예전에는 비가 오면 주변에 금방 물길이 생겨 섬처럼 보였대요. 조선 태조 때 큰 깃발인 독기가 강물을 따라 지금의 뚝섬으로 떠내려오자 나라에서 제사를 지내기 위해 독제소를 설치했대요. 세월이 흐르면서 독기가 둑기로, 둑기가 뚝기로 변하면서 그곳을 뚝섬이라고 부르게 됐대요.

조선 후기, 사람들이 서울로 몰려들면서 하천이 더러워지기 시작했어요. 깨끗한 물을 구하기가 어려워지고, 오염되면서 전염병도 늘어났어요. 1908년, 대한제국은 뚝섬에 우리나라 최초의 정수장을 만들었어요. 이곳에서 정수된 깨끗한 수돗물을 서울 사대문 안과 용산 일대 12만 5천 명에게 공급한 게 우리나라 근대 상수도 역사의 첫 출발점이랍니다. 그러나 이때도 개별 상수도가 보급되기 전이라 각 가정에 깨끗한 물을 배달하거

신식 급수 시설(경성 수도수원지)과 재래식 급수 방법(물지게꾼)

나 판매하는 상인이 있었어요. 이를 물지게꾼, 물장수라고 불렀지요.

지금도 이곳에서는 수돗물을 만들고 공급해요. 일부는 수도박물관으로 조성하여 깨끗한 물과 환경에 관한 이야기를 친구들에게 소개하고 있답니다. 과거 상수도 기기부터 상수도의 발전 과정, 현재의 정수 과정을 배울 수 있어요. 또 지금은 사라진 과거의 상수도 시설도 사진으로 만날 수 있어요.

| 작가의 말 |

한강은 흐릅니다

지하철을 타고 가다 문득 눈앞이 환해져서 고개를 들었어요. 한강이 조용히 흘러가고 있더군요. 슬쩍 옆을 보니 몇몇 사람들도 한강을 물끄러미 내려다보고 있었어요. 혹시 여러분도 이런 경험이 있나요?

사람들은 한강을 보면서 무슨 생각을 할까요? 그냥 '강이 참 넓고 크구나' 이런 생각만 했을까요? 커다란 강이 도도하게 흘러가는 모습을 바라보는 것만으로도 저는 왠지 가슴이 뻥 뚫린 듯 시원해졌어요.

하지만 한강은 단순히 흐르는 강이 아닙니다. 역사 속 수많은 이야기와 인물을 품고 수천 년 동안 우리와 함께해 온 친구예요. 가끔씩 저는 이러한 역사의 흔적을 찾아 한강으로 놀러 가기도 해요.

모든 문명이 커다란 강을 끼고 시작되었듯이, 우리 역사도 한강에서 삶의 흔적들을 발견할 수 있어요. 한반도에 인류가 살기 시작한 구석기 시대부터 오늘날까지의 흔적을 찾는 일은 아주 재미있어요.

이 책은 전체적인 한강의 역사에 대해 썼어요. 고구려, 백제, 신라 세 나라가 한강을 차지하기 위해 치열하게 싸웠던 시대도 빠질 수 없지요.

그 이후 고려와 조선 시대에는 배가 오가며 물건을 나르기도 하고, 아름다운 풍경 속에서 시를 짓고 그림을 그리기도 했습니다. 왕이 직접 강에 가 백성의 삶을 살피기도 했고, 백성들은 강가에서 빨래를 하고, 생선을 잡고, 때로는 쉬기도 했습니다.

각 시대마다 품고 있는 많은 역사 이야기가 한강 곳곳에 숨어 있어요. 그걸 모두 옮겨 적지 못해 아쉬운 마음도 들어요.

오늘날도 마찬가지예요. 지금 우리가 서울이라고 부르는 이 도시는, 바로 한강 덕분에 발전했다고 할 수도 있어요. 근현대사의 많은 이야기가 한강을 따라 흐르고 있어요. 조용히 흘러가는 강물이 마치 역사의 물결 같아요.

우리에게 한강이 있다는 게 왜 기적 같은 일인지는 이 책에 쓰여 있지 않아요. 여러분이 한강을 단지 흐르는 강으로만 보지 않고, 한강이 주는 기적 같은 선물을 직접 찾아보길 바라요.

김일옥

사람들은 밤낮을 가리지 않고 일했어.
한국 전쟁 이후 우리나라는
세계가 깜짝 놀랄 만큼 성장했지.
사람들은 이런 발전을 두고
'한강의 기적'이라 불렀어.